Desert ■ *Déserts* ■ Die Wüste

Photographs of Magnum Photos • *Photographies de Magnum Photos* • **Fotografien von Magnum Photos**

·TERRAIL·

■ Editor: Jean-Claude Dubost
Desk Editor: Caroline Broué in liaison with Magnum Photos' team
Cover design: Gérard Lo Monaco and Laurence Moinot
Graphic design: Véronique Rossi
Iconographic and artistic coordination at Magnum Photos:
Marie-Christine Biebuyck, Agnès Sire, assisted by Philippe Devernay
English translation: Ann Sautier-Greening
Photoengraving: Litho Service T. Zamboni, Verona

© FINEST SA / ÉDITIONS PIERRE TERRAIL, Paris 1998
The Art Book Subsidiary of BAYARD PRESSE SA
© Magnum Photos, Paris 1998
ISBN 2-87939-158-X
English edition: © 1998
Publication number: 197
Printed in Italy
All rights reserved.

■ *Direction éditoriale : Jean-Claude Dubost*
Suivi éditorial : Caroline Broué en liaison avec l'équipe de Magnum Photos
Conception et réalisation de couverture : Gérard Lo Monaco et Laurence Moinot
Conception et réalisation graphique : Véronique Rossi
Direction iconographique et artistique à Magnum Photos :
Marie-Christine Biebuyck, Agnès Sire, assistées de Philippe Devernay
Traduction anglaise : Ann Sautier-Greening
Traduction allemande : Inge Hanneforth
Photogravure : Litho Service T. Zamboni, Vérone

© FINEST SA / ÉDITIONS PIERRE TERRAIL, Paris 1998
La filiale Livres d'art de BAYARD PRESSE SA
© Magnum Photos, Paris 1998
ISBN 2-87939-156-3
N° d'éditeur : 197
Dépôt légal : mars 1998
Imprimé en Italie
Tous droits réservés pour tous pays.

■ Verlegerische Leitung: Jean-Claude Dubost
Verantwortlich für die Ausgabe: Caroline Broué
in Zusammenarbeit mit dem Magnum Photos Team
Umschlaggestaltung: Gérard Lo Monaco und Laurence Moinot
Buchgestaltung: Véronique Rossi
Bildredaktion und grafische Gestaltung für Magnum Photos:
Marie-Christine Biebuyck, Agnès Sire; Assistent: Philippe Devernay
Deutsche Übersetzung: Inge Hanneforth
Farblithos: Litho Service T. Zamboni, Verona

© FINEST SA / ÉDITIONS PIERRE TERRAIL, Paris 1998
Der Bereich Kunstbücher von BAYARD PRESSE SA
© Magnum Photos, Paris 1998
ISBN 2-87939-157-1
Deutsche Ausgabe: © 1998
Verlegernummer: 197
Printed in Italy
Alle Rechte vorbehalten.

"I walked around all day, my mind occupied, seeking on the streets photographs to be taken directly from life as if in flagrante delicto. I wanted above all to seize in a single image the essence of any scene that cropped up. [...] Photography is the only means of expression which freezes one specific instant", wrote Henri Cartier-Bresson, one of the founding members of the Magnum Photos Agency. During their assignments to the four corners of the earth, the photographers of this prestigious agency have all wanted to record a certain reality directly seized "from life" and to show the world as they saw and felt it. Their photographs bear witness to the experience of men, to places, times and events which their cameras have managed to capture. The personal imprint they leave on them proves, in the words of John Steinbeck, that "the camera need not be a cold mechanical device. Like the pen, it is as good as the man who uses it. It can be the extension of mind and heart...". The ambition of the series to which this album belongs is to recall the finest of these "decisive moments", where the eye of the photographer encounters the diversity of the world. Whether it is read like a report or looked at like a film, each album is above all a thematic, historic and aesthetic odyssey bringing together the best pictures from the Magnum photographers.

"JE marchais toute la journée, l'esprit tendu, cherchant dans les rues à prendre sur le vif des photos comme des flagrants délits. J'avais surtout le désir de saisir dans une seule image l'essentiel d'une scène qui surgissait. [...] De tous les moyens d'expression, la photo est le seul qui fixe un instant précis », écrivait Henri Cartier-Bresson, l'un des fondateurs de l'agence Magnum Photos. Les photographes de cette prestigieuse agence ont tous voulu, au cours de leurs reportages à travers le monde, rendre compte d'une certaine réalité « sur le vif » et montrer le monde tel qu'ils le voyaient et le ressentaient. Leurs photos témoignent de l'expérience d'hommes, de lieux, d'époques et d'événements que leur appareil a su capter. L'empreinte personnelle qu'ils laissent prouve, selon les mots de John Steinbeck, que « l'appareil-photo n'est pas nécessairement une froide mécanique. Comme la plume pour l'écrivain, tout dépend de qui la manie. Il peut être un prolongement de l'esprit et du cœur... » Restituer les plus beaux de ces « instants décisifs » au fil desquels l'œil du photographe rencontre la diversité du monde, telle est l'ambition de la collection dans laquelle s'inscrit ce livre. À lire comme un récit ou à regarder comme un film, il est avant tout une promenade thématique, historique et esthétique qui rassemble les meilleurs clichés des photographes de Magnum Photos.

"DEN ganzen Tag lief ich angespannt herum, denn ich wollte in den Straßen wie auf frischer Tat ertappte, lebensnahe Fotos machen. Vor allem hatte ich den Wunsch, in einem einzigen Bild das Wesentliche eines Geschehnisses festzuhalten [...] Von allen Ausdrucksmitteln ist die Fotografie das einzige, das einen bestimmten Augenblick fixiert", schrieb Henri Cartier-Bresson, einer der Gründer der Fotoagentur Agence Magnum Photos. Den Fotografen dieser renommierten Agentur liegt viel daran, auf ihren Reportagen in aller Welt von einer gewissen „lebensnahen" Realität Zeugnis abzulegen und die Welt so zu zeigen, wie sie sie sahen und empfanden. Die Fotos sind von ihrem Apparat eingefangene Erfahrungen mit Menschen, Orten, Zeiten und Ereignissen. Der persönliche Eindruck, die sie hinterlassen, beweist, um mit Steinbeck zu sprechen, daß „der Fotoapparat keine kalte Mechanik sein muß. Wie bei der Feder des Schriftstellers hängt alles davon ab, wer sie hält. Und manchmal ist es sogar eine Verlängerung von Geist und Gefühl ..." Die schönsten dieser „entscheidenen Augenblicke" zu zeigen, bei denen das Auge des Fotografen der Vielfältigkeit der Welt begegnet, ist die Absicht dieser Buchreihe. Wie ein Bericht zu lesen oder wie ein Film zu betrachten, ist sie vor allem ein thematischer, historischer und ästhetischer Spaziergang, auf dem die besten Bilder der Fotografen von Magnum Photos zu sehen sind.

George Rodger, Algeria, *Algérie,* Algerien, 1957. **5**

| Raymond Depardon, China, *Chine,* 1985.

René Burri, USA, *États-Unis*, 1980. | **7**

Ferdinando Scianna, Tunisia, *Tunisie,* Tunesien, 1969.

Sergio Larrain, Chile, *Chili,* 1963.

12 Leonard Freed, Israel, *Israël,* 1967.

Raymond Depardon, Ethiopia, *Éthiopie,* Äthiopien, 1994. | **13**

René Burri, *Oman*, 1975.

George Rodger, Algeria, *Algérie,* Algerien, 1957. **17**

Marc Riboud, Saudi Arabia, *Arabie Saoudite,* Saudi-Arabien, 1974.

René Burri, Egypt, *Égypte,* Ägypten, 1970.

John Vink, *Niger*, 1987.

Raymond Depardon, Chad, *Tchad,* Tschad, 1979.

24 Micha Bar-Am, Israel, *Israël,* 1980.

Raymond Depardon, Chad, *Tchad,* Tschad, 1979.

Ferdinando Scianna, Tunisia, *Tunisie,* Tunesien, 1969.

Chris Steele-Perkins, Chad, *Tchad,* Tschad, 1985.

Marc Riboud, *Niger,* 1963.

Raymond Depardon, *Mali,* 1986.

René Burri, United Arab Emirates, *Émirats arabes unis*, Vereinigte Arabische Emirate, 1975. **33**

34 Raymond Depardon, Morocco, *Maroc,* Marokko, 1989.

Guy Le Querrec, Morocco, *Maroc,* Marokko, August, *août* 1968. | **35**

George Rodger, Algeria, *Algérie,* Algerien, 1957.

Micha Bar-Am, Egypt, *Égypte*, Ägypten, 1956. **37**

Raymond Depardon, Chad, *Tchad,* Tschad, 1979.

René Burri, Egypt, *Égypte,* Ägypten, 1959. **41**

John Vink, *Niger,* 1985. **43**

Nikos Economopoulos, Turkey, *Turquie,* Türkei, 1990. | **45**

Raymond Depardon, USA, *États-Unis,* 1982. | **47**

David Hurn, USA, *États-Unis,* 1991.

René Burri, USA, *États-Unis,* 1992. **49**

Raymond Depardon, USA, *États-Unis,* 1982.

Marc Riboud, Saudi Arabia, *Arabie Saoudite,* Saudi-Arabien, 1974. | **53**

Ferdinando Scianna, Ethiopia, *Éthiopie,* Äthiopien, 1984.

Henri Cartier-Bresson, Mexico, *Mexique*, Mexiko, 1963. | **57**

Ernst Haas, USA, *États-Unis,* 1962.

Page 5: The Sahara, Algeria.
George Rodger, 1957.
Page 5 : *Désert du Sahara,*
Algérie.
George Rodger, 1957.
Seite 5: Sahara, Algerien.
Georges Rodger, 1957.

Page 6: Inner Mongolia, China.
Raymond Depardon, 1985.
Page 6 : *Mongolie intérieure,*
Chine.
Raymond Depardon, 1985.
Seite 6: Innere Mongolei,
China.
Raymond Depardon, 1985.

Page 7: USA.
René Burri, 1980.
Page 7 : *États-Unis.*
René Burri, 1980.
Seite 7: USA.
René Burri, 1980.

Page 8-9: Douz, Tunisia.
Ferdinando Scianna, 1969.
Page 8-9 : *Douz, Tunisie.*
Ferdinando Scianna, 1969.
Seite 8-9: Douz, Tunisien.
Ferdinando Scianna, 1969.

Page 10 : The Sahara, Niger.
John Vink, 1987.
Page 10 : *Sahara, Niger.*
John Vink, 1987.
Seite 10: Sahara, Niger.
John Vink, 1987.

Page 11: Atacama Desert,
Chile.
Sergio Larrain, 1963.
Page 11 : *Désert d'Atacama,*
Chili.
Sergio Larrain, 1963.
Seite 11: Wüste von Atacama,
Chile.
Sergio Larrain, 1963.

Page 12: Kibbutz, Israel.
Leonard Freed, 1967.
Page 12 :
Kibboutz, Israël.
Leonard Freed, 1967.
Seite 12: Kibbutz, Israel.
Leonard Freed, 1967.

Page 13: Sekota, Ethiopia.
Raymond Depardon, 1994.

Page 13 : *Sekota, Éthiopie.*
Raymond Depardon, 1994.
Seite 13: Sekota, Äthiopien.
Raymond Depardon, 1994.

Page 15 : *Oman.*
René Burri, 1975.
Seite 15: Oman.
René Burri, 1975.

Page 16-17: Kirzaz Dunes,
The Sahara, Algeria.
George Rodger, 1957.
Page 16-17 : *Dunes du Kirzaz,*
Sahara, Algérie.
George Rodger, 1957.
Seite 16-17: Dünen von Kirzaz,
Sahara, Algerien.
George Rodger, 1957.

Page 19: The Empty Quarter,
Saudi Arabia.
Marc Riboud, 1974.
Page 19 : *Désert du Quartier*
vide, Arabie Saoudite.
Marc Riboud, 1974.
Seite 19: Wüste des Leeren
Viertels, Saudi-Arabien.
Marc Riboud, 1974.

Page 20: The Step Pyramid,
Saqqara, Egypt.
René Burri, 1970.
Page 20 : *La pyramide à*
degrés, Sakkara, Égypte.
René Burri, 1970.
Seite 20: Die Stufenpyramide,
Sakkara, Ägypten.
René Burri, 1970.

Page 21: The Sahara, Niger.
John Vink, 1987.
Page 21 : *Sahara, Niger.*
John Vink, 1987.
Seite 21: Sahara, Niger.
John Vink, 1987.

Page 22-23: Tibesti Desert,
Chad.
Raymond Depardon, 1979.
Page 22-23 : *Désert du Tibesti,*
Tchad.
Raymond Depardon, 1979.
Seite 22-23: Tibesti-Wüste,
Tschad.
Raymond Depardon, 1979.

Page 24: The Sinai Desert,

Israel (returned to Egypt in 1982).
Micha Bar-Am, 1980.
Page 24 : *Désert du Sinaï,*
Israël (restitué à l'Égypte en 1982).
Micha Bar-Am, 1980.
Seite 24: Sinai-Wüste, Israel
(1982 wieder an Ägypten
angeschlossen).
Micha Bar-Am, 1980.

Page 25: Chad.
Raymond Depardon, 1979.
Page 25 : *Tchad.*
Raymond Depardon, 1979.
Seite 25: Tschad.
Raymond Depardon, 1979.

Page 27: Douz, Tunisia.
Ferdinando Scianna, 1969.
Page 27 : *Douz, Tunisie.*
Ferdinando Scianna, 1969.
Seite 27: Douz, Tunesien.
Ferdinando Scianna, 1969.

Page 28: Chad.
Chris Steele-Perkins, 1985.
Page 28 : *Tchad.*
Chris Steele-Perkins, 1985.
Seite 28: Tschad.
Chris Steele-Perkins, 1985.

Page 29 : *Niger.*
Marc Riboud, 1963.
Seite 29: Niger.
Marc Riboud, 1963.

Page 30: Sinking a
large-diameter well near the
market place, financed by a
twinning programme with
Beaulieu Mandeure in France,
Mougna, Mali.
John Vink, 1986.
Page 30 : *Forage d'un puits à*
grand diamètre près de la place
du marché, financé par un
programme de jumelage avec
Beaulieu Mandeure en France,
Mougna, Mali.
John Vink, 1986.
Seite 30: Bohrung eines
großen Brunnens in der Nähe
des Marktplatzes dank
finanzieller Unterstützung der
Partnerstadt Beaulieu
Mandeure in Frankreich,
Mougna, Mali.

John Vink, 1986.
Page 31 : *Mali.*
Raymond Depardon, 1986.
Seite 31: Mali.
Raymond Depardon, 1986.

Page 32-33: Abu Dhabi,
United Arab Emirates.
René Burri, 1975.
Page 32-33 : *Abou Dhabi,*
Émirats arabes unis.
René Burri, 1975.
Seite 32-33: Abou Dhabi,
Vereinigte Arabische Emirate.
René Burri, 1975.

Page 34: Morocco.
Raymond Depardon, 1989.
Page 34 : *Maroc.*
Raymond Depardon, 1989.
Seite 34: Marokko.
Raymond Depardon, 1989.

Page 35: Moussem celebration
in Moulay Abdallah near
El Jadida, Morocco.
Guy Le Querrec, August 1968.
Page 35 : *Fête du Moussem à*
Moulay Abdallah près de
El Jadida, Maroc.
Guy Le Querrec, août 1968.
Seite 35: Moussem-Fest in
Moulay Abdallah bei El Jadida,
Marokko.
Guy Le Querrec, August 1968.

Page 36: Kirzaz Dunes,
The Sahara, Algeria.
George Rodger, 1957.
Page 36 : *Dunes du Kirzaz,*
Sahara, Algérie.
George Rodger, 1957.
Seite 36: Dünen von Kirzaz,
Sahara, Algerien.
George Rodger, 1957.

Page 37: The Sinai Desert,
Egypt.
Micha Bar-Am, 1956.
Page 37 : *Désert du Sinaï,*
Égypte.
Micha Bar-Am, 1956.
Seite 37: Sinai, Ägypten.
Micha Bar-Am, 1956.

Page 38: Timbuktu, Mali.
Guy Le Querrec, 1988.

Page 38 : *Tombouctou, Mali.*
Guy Le Querrec, 1988.
Seite 38: Timbuktu, Mali.
Guy Le Querrec, 1988.

■ **Page 39 :** *Niger.*
Guy Le Querrec, 1993.
Seite 39: Niger.
Guy Le Querrec, 1993.

■ **Page 40 :** Faya-Largeau, Chad.
Raymond Depardon, 1979.
Page 40 : *Faya-Largeau, Tchad.*
Raymond Depardon, 1979.
Seite 40: Faya-Largeau,
Tschad.
Raymond Depardon, 1979.

■ **Page 41:** Luxor, Egypt.
René Burri, 1959.
Page 41 : *Louxor, Égypte.*
René Burri, 1959.
Seite 41: Luxor, Ägypten.
René Burri, 1959.

■ **Page 42:** Women carrying water.
The men only fetch water for the
cattle or crops, never for use in
the home, Djilgibombo,
Dogon country, Mali.
John Vink, 1985.
Page 42 : *Corvée d'eau par les
femmes. Les hommes ne vont
chercher de l'eau que pour le
bétail ou la culture, jamais pour
la consommation domestique,
Djilgibombo, pays dogon, Mali.*
John Vink, 1985.
Seite 42: Wassertragen der
Frauen. Die Männer holen
ausschließlich Wasser fürs Vieh
oder fürs Land, aber niemals
fürs Haus, Djilgibombo, Region
Dogon, Mali.
John Vink, 1985.

■ **Page 43:** Millet granaries,
Koungo kore, Niger.
John Vink, 1985.
Page 43 : *Greniers à mil,
Koungo kore, Niger.*
John Vink, 1985.
Seite 43: Hirsespeicher,
Koungo kore, Niger.
John Vink, 1985.

■ **Page 45:** Nomads in Kars,

Turkey.
Nikos Economopoulos, 1990.
Page 45 : *Nomades à Kars,
Turquie.*
Nikos Economopoulos, 1990.
Seite 45: Nomaden in Kars,
Türkei.
Nikos Economopoulos, 1990.

■ **Page 46:** Sun City, Arizona,
USA.
David Hurn, 1980.
Page 46 : *Sun City, Arizona,
États-Unis.*
David Hurn, 1980.
Seite 46: Sun City, Arizona,
USA.
David Hurn, 1980.

■ **Page 47:** Monument Valley,
Utah, USA.
Raymond Depardon, 1982.
Page 47 : *Monument Valley,
Utah, États-Unis.*
Raymond Depardon, 1982.
Seite 47: Monument Valley,
Utah, USA.
Raymond Depardon, 1982.

■ **Page 48:** San Andreas Fault,
California, USA.
David Hurn, 1991.
Page 48 : *Faille de San
Andreas, Californie, États-Unis.*
David Hurn, 1991.
Seite 48: Die Erdspalte von
San Andreas, Kalifornien, USA.
David Hurn, 1991.

■ **Page 49:** New Mexico, USA.
René Burri, 1992.
Page 49 : *Nouveau-Mexique,
États-Unis.*
René Burri, 1992.
Seite 49: New Mexiko, USA.
René Burri, 1992.

■ **Page 50:** Pyramid at Giza.
Egypt,
Thomas Hoepker, 1962.
Page 50 : *Pyramide de Gizeh.
Égypte,*
Thomas Hoepker, 1962.
Seite 50: Pyramide von Gizeh.
Ägypten,
Thomas Hoepker, 1962.

■ **Page 51 :** New-Mexico, USA.
Raymond Depardon, 1982.
Page 51 : *Nouveau-Mexique,
États-Unis.*
Raymond Depardon, 1982.
Seite 51: New Mexiko, USA.
Raymond Depardon, 1982.

■ **Page 52:** Egyptian tanks during
the Six-Day War, Sinai.
René Burri, 1967.
Page 52 : *Tanks égyptiens
pendant la guerre des Six Jours,
Sinaï.*
René Burri, 1967.
Seite 52: Ägytische Panzer
während des Sechstagekriegs,
Sinai-Wüste.
René Burri, 1967.

■ **Page 53:** Saudi Arabia.
Marc Riboud, 1974.
Page 53 : *Arabie Saoudite.*
Marc Riboud, 1974.
Seite 53: Saudi-Arabien.
Marc Riboud, 1974.

■ **Page 54:** Sudan.
Chris Steele-Perkins, 1991.
Page 54 : *Soudan.*
Chris Steele-Perkins, 1991.
Seite 54: Sudan.
Chris Steele-Perkins, 1991.

■ **Page 55:** Makalle, Ethiopia.
Ferdinando Scianna, 1984.
Page 55 : *Makallé, Éthiopie.*
Ferdinando Scianna, 1984.
Seite 55: Makalle, Äthiopien.
Ferdinando Scianna, 1984.

■ **Page 56:** San Agustín Oapan,
Guerrero State, Mexico.
Abbas, 1985.
Page 56 : *San Agustín Oapan,
État de Guerrero, Mexique.*
Abbas, 1985.
Seite 56: San Agustín Oapan,
Bundesstaat Guerrero, Mexiko.
Abbas, 1985.

■ **Page 57:** The volcano,
Popocatépetl, Mexico.
Henri Cartier-Bresson, 1963.
Page 57 : *Volcan de
Popocatépetl. Mexique.*
Henri Cartier-Bresson, 1963.

Seite 57: Vulkan Popocatépetl,
Mexiko.
Henri Cartier-Bresson, 1963.

■ **Page 58:** Near San Agustín
Oapan, Guerrero State, Mexico.
Abbas, 1984.
Page 58 : *Près de San Agustín
Oapan, État de Guerrero,
Mexique.*
Abbas, 1984.
Seite 58: Nahe San Agustín
Oapan, Bundesstaat Guerrero,
Mexiko.
Abbas, 1984.

■ **Page 59:** Arizona, USA.
Henri Cartier-Bresson, 1947.
Page 59 : *Arizona, États-Unis.*
Henri Cartier-Bresson, 1947.
Seite 59: Arizona, USA.
Henri Cartier-Bresson, 1947.

■ **Page 61:** New Mexico, USA.
Ernst Haas, 1962.
Page 61 : *Nouveau-Mexique,
États-Unis.*
Ernst Haas, 1962.
Seite 61: New Mexico, USA.
Ernst Haas, 1962.